JN440257

내일 아침 해가 뜨거나 말거나

박성규 시집

문학의전당 시인선
0335

내일 아침 해가 뜨거나 말거나

박성규 시집

문학의전당

시인의 말

그림자 하나 끌고 여기까지 왔다.

기진맥진했다.

이젠 그림자가 나를 끌고 간다.

모른 척, 해야겠다

2021년 3월
박성규

차례

제2부

제3부

제4부

제1부

겨울 잔별

겨울밤
유난히도 잔별이 많다

개똥벌레의 영혼 때문이다

여름이 올 때쯤
이슬을 타고 땅에 내려온 잔별들이
개똥벌레가 되어
낮에는 풀숲 사이에 숨어 있다가
밤이 되면 반짝거린다

그렇게 한철 지내다가
밤이 길어지는 겨울이 되면
개똥벌레의 영혼이 하늘로 올라가
다시 잔별이 된다

누군가의 영혼이 된다

선택론

풍요를 꿈꾸며
씨앗을 뿌렸다

그대로 두면 풀밭
손길이 닿으면 채소밭

저들 세상
경계도 없고 다툼도 없는데
애간장 타는 것은 나

그냥 두어야 하나
풀을 뽑아야 하나

메뚜기 사랑

업고 있는 것일까
업혀 있는 것일까

올라탄 것일까
깔려 있는 것일까

무겁지도 않는가
체력이 좋은가

벼 잎에 붙어서
바람을 타는 저것들

사랑이 뭔지
알고 저러는 것일까

접시꽃 3

우리 집 문지기 접시꽃이
소천했다

팔뚝만 한 가지여서
무사히 생을 지킬 것 같더니만
태풍 들이닥친 날 밤
맥없이 쓰러졌다

층층이 안테나를 달고
밤마다 별 이야기를 타전해 줘서
우주와 소통하며 지내왔는데
쓰러지고 보니 안쓰러웠다

살려내긴 틀렸지만
쓰러진 환자를 그냥 둘 수 없어
평상에 가지런히 누이고 보니
골다공증 환자다

제 소임 다한다고 얼마나 애썼을까
요절했다고 애달파해야 하나
비 그치면 다비라도 해주어야겠다

낮달

노란 양푼이 하나
하늘에 떠 있네

누가 가져다 놨을까
무엇이 담겨 있을까

뜬금없이
새참이 먹고 싶어졌네

주객전도

새끼 고양이 여섯 마리
아침부터 극성이다

한눈이라도 팔고 있으면
밭뙈기를 헤집질 않나
새싹들을 깔아뭉개질 않나
무언가 눈앞에 얼쩡거리는 것은
죄다 툭툭 건드려 보는 저 녀석들

호기심 많은 세상이라지만
시도 때도 없이
고양이와 전쟁을 치른다

처음엔 귀엽더니만
지금은 성가신 존재
인연은 왜 맺어서 이 고생하는지

호박씨를 까먹었다

간수를 잘못하여 썩은 호박에
미련이 남아
호박씨를 훑어 내었다

동지섣달 긴긴밤
이불 속에다 다리 뻗고 호박씨 까먹었던 기억은
잊혀가는 이야기지만

세월이 흘러도
호박씨 까먹는 재미는 여전히 쏠쏠하다

호박씨는
꾸덕꾸덕할 때 까먹어야 한다
주전부리용으로는 제격이다

누가 포시럽다고 그러랴
절대 뒷구멍으로 까진 않았다

불면증 해소에 좋다 했는데
호박씨를 까먹다 보면
어느새 동이 텄다

망각의 뒤편

밭고랑을 덮고 있는 풀을
힘껏 잡아당겼더니
감자가 딸려 나왔다

보기엔 풀밭인데
웬 감자가 나오나 싶어
고랑에 있는 풀도 뽑았더니
역시 감자가 튀어 나왔다

풀 더미 속에서
감자가 딸려 나오는데
내년에는 아예 풀만 심을까

부레옥잠

날고 싶어도 날 수가 없다
두둥실 뜨고 싶어도 부레가 없다
날개가 있는 것도 추락한다고 했는데
부레를 달면 추락하지 않을까

고요히
파문이 일지 않도록 고요히
가부좌 틀고 앉아
두둥실 떠 있는
저것

돈의 위력도 빌리지 않고
신비랍 내지 않고도
떠 있는 비결

무엇일까

가지 맛

서리 내리기 전에
에둘러 가지를 땄다

가녀린 가지마다
주렁주렁 달릴 땐 풍요로웠는데
끝물이라 형편없을 것 같은데도
큰 것, 작은 것, 태풍에 할퀸 것들
따 보니 가지가지다

반반한 것 하나 골라 깨물었더니
혓바닥이 아렸다
허기진 배 채우려 따먹었던
어릴 적 맛은 아니었다

먹거리 다양한 요즘
저 가지처럼 아린 맛을 내는 것은
얼마나 될까

혓바닥이 아리는 동안
어머니만 그리웠다

그래도 세월아
너는 가지 맛!

우수에 내리는 비

봄이 코앞에 왔다고
밭을 갈았는데
비가 내려서 논이 되어버렸다

씨감자가 입점했다고
단골 종묘상에서 문자가 왔는데
논에다 감자를 심을 수 없으니
아예 못자리를 만들어야 하나

발이 푹푹 빠지는 곳에
봄도 푹푹 빠져서
겨울을 에둘러 보내며
물이 빠질 때까지 기다리는 시간

개구리만 횡재했다

꼬리명주나비의 방문

꼬리명주나비 한 마리
너덜너덜한 날개로
비닐하우스 안으로 날아들었다

얼마나 힘겹게 살았으면
날개조차 온전하지 못할까
태풍 때문에 그랬을까

제철이 아니라 먹을거리도 없고
군불 지필 아궁이도 없는 곳에 찾아오니
대접할 것도 없다

한동안 날갯짓으로 둘러보더니만
제 살 곳 아니라는 듯
어둠 속으로 날아가 버렸다

찬란한 내일이 오도록
빌어 주어야 할까

아, 글쎄

뜻하지 않은 실수로
아홉 번째 늑골 하나 부러뜨려
수평인간이 되었다

직립을 터득한 후
육십여 년 잘도 보냈는데
느닷없이 수평인간이 되고 말았다

중심 잡기가 어려워지고
움직일 때마다 따르는 통증 때문에
하늘이 노랗게 보이는 지금
직립 보행의 소중함을
어이 표현해야 하랴

인류가 직립 보행을 시작한 후
진화를 해왔다고 하나
수평인간으로 태어나 수평인간으로 돌아가기까지
온전히 지내면 얼마나 좋을까

머잖아 수평인간으로 돌아갈 텐데
중간 점검이라도 하듯
마음대로 움직이지 않는 몸뚱이
병신 소리는 듣지 말아야 하는데

중생

처음에는 다섯으로 보이다가
눈 비비고 보니 여섯 개로 보인다

설마해서 다시 세어보니 여덟
이게 무슨 조화란 말이냐

그렇다 치더라도
확실하게 해두기 위해
손가락까지 동원해서 다시 세어보니
이번엔 열둘

분별심(分別心)

애당초 없었나 보다

대한(大寒)

얼다 녹다를 반복한 봄동
맛이 있을 것 같아
몇 포기 뽑아 와 다듬고 있는 사이
벌레 한 마리
꼬물꼬물 기어 나왔다

이 겨울에 웬 벌레냐며 기겁한 각시
먹고 싶은 생각이 싹아 가신 모양이지만

그래도 나물을 먹어야겠다고
다듬다 보니
봄동은 벌레 화장실

그래도 그렇지
너희들 화장실을 먹을 순 없지

별의 노래

아무리 하늘을 쳐다봐도
유년에 보았던 별
반의반도 찾지 못했다

자연책에 붙어 있었던 별
어느 하늘로 가서
빛을 발하고 있을까

노안이라 해서
안경을 끼고 찾아보지만
이슥해지는 밤은 고요할 뿐이다

먼동이 틀 무렵엔
남은 별 몇 개가
추억마저 훔쳐가 버렸다

제2부

핀잔

양파 모종을 사왔더니
종일 일하려면 잘 먹어야 된다고
삼겹살과 파절이로 상을 차려온 아내
얼굴이 참 밝았다

덕분에 속을 든든하게 채우고 나와
양파를 심으려는데
모종이 반이나 없어졌다
실파인 줄 알고 아침상 차린 아내
얼굴이 샐쭉해졌다

미탁* 때문에 침수되어
병든 작물 뽑아내고 양파라도 심으려 했는데
실파와 양파도 구분 못한다고 핀잔을 줬다
아내 얼굴이 파절이가 되었다

핀잔을 주고
내 얼굴은 하회탈이 되었다

---

* 미탁: 2019년 가을에 들이닥친 태풍.

꽃의 생

봄이 오지 않았는데
겨울 방에서 일찌감치 피었던 꽃
뚝, 뚝 떨어졌다

생의 마감을 예견하였는지
잎이 없어도 피는 꽃들보다
먼저 피어서 떨구었다

바깥세상이 그리운 걸까
봄을 맞이하고 싶어서 몸부림치는 것일까

붙잡을 것이 없어서
곧게 일어서지도 못하고
겨우겨우 피었던 꽃
뚝, 떨어졌다

제 소임 다하고 지는 꽃에게
고맙다는 인사도 못했다

뚱딴지

내 당화혈색소 수치가 높다는 소리를 들은 아내가 돼지감자 한 바구니 구해왔다. 돼지감자가 당뇨에는 특효라고 하면서 아는 사람한테 사정사정해서 얻어왔다며 꼭 챙겨먹으라고 했다. 뚱딴지같은 소리 하지 말라며 면전에서 핀잔을 주었는데도 한사코 먹어야 한다고 우겨댔다. 한참 신경전을 벌이다가 싸움으로 번질 것 같아 먹겠다고 했다. 그때부터 갈아서 먹으면 된다는 둥 말려서 차로 달여 먹으면 된다는 둥 조리법에 대해 잔소리를 해댔다. 돼지감자를 다듬으려고 막상 손을 대니 혈압부터 치솟았다. 당뇨에 좋은지는 모르지만 근본도 모르는 귀화식물의 효능 때문에 뚱딴지처럼 혈압만 높아졌다.

바람기 심한 바람

바람을 사랑하려던 마음
들켜버렸네

처마 끝을 스치고 가다가
잠자리 꼬리를 붙잡고 파닥거린 탓에
숨기지 못해 들켜버렸네

그런 마음
잠자리는 알아주려나
바람에 휩쓸려버린 잠자리가
파닥이다가 지쳐버렸으니
더 이상 사랑할 수도 없었네

운명인 양 여기려 했는데
높은 하늘 저 너머에
또 다른 바람이
살랑살랑 다가오고 있네

이번엔 누구의 심장을 푹푹 찔러
애간장 태울까?
바람기 심한 저 바람

고분

한때
임산부처럼
배가 부풀어 있었던 적이 있다

누워 있으면
능(陵)이나 분(墳)처럼 보였을 게다

서라벌 시가지에
군데군데 볼록볼록한 것들이 있다

내 배
저 고분을 닮고 싶었나 보다

동병상련

경칩 지나
비 한 줄금 내린 어느 날
겨울을 견뎌온 봄동이
꽃대부터 피워 올리네

목숨 지키기인가
종족 번식용인가

나는 나물이 필요하고
너는 꽃이 필요하니

폭풍주의보

추수 끝난 벌판에
파도가 밀려온다
태풍 들이닥치듯이 밀려온다

푸른 시절엔 잔물결이었는데
황금기가 다가올수록 거세지더니만
이젠 둑도 무너뜨릴 기세다

발목만 남은 것들
파도가 밀려가고 나면
몽돌이 되어서 엎드릴까
절규하는 소리들이 파도를 뒤따른다

눈이라도 내려서
징징대는 벌판을 덮어주면 어떠랴
거리낌 없이 돌진하는 저 파도
어디에서 멈추랴

가슴 졸이는 지금
고요가 집어삼키도록 기다리다
벌벌 떨고만 있어야 하는

단수

동네 어귀에
단수를 알리는
현수막이 붙어 있다

"낮에만 단수,
 밤에는 정상 공급"

낮에는 살지 말고
밤에만 살라면
나이도 깎아주려나

여진(餘震)

작대기로 땅바닥을 두들겨 팬다
체벌하면 안 되지만
말을 듣지 않아서 두들겨 팬다

몇 해 전, 미친 듯 설쳤던 땅
한동안 가만있기에 말을 잘 듣나 했는데
다시 꿈틀거리기에 작대기를 들었다

맞아도 싸지만
팬다고 말을 들을까만
얼마나 두들겨 패야만 하나

멱살 잡고 흔들듯
흔들어대는 저 미친 땅
어찌 작대기를 들지 않으랴

버릇

한때
틈만 나면 근처 서점에 들러
차일피일 독서삼매경에 빠졌었지
신간 서적부터 시집이나 수필집 하나 들고
다리에 쥐가 나는 줄도 모르고
주인 눈치 보며 서서 읽었던 기쁨
참 좋았지

요즘
그런 서점은 찾기도 힘들고
손에 쥐어진 핸드폰으로
뉴스부터 온갖 세상사 보고 있노라면
밥 먹는 것도 잠자는 것도
잊어버리고 사는 날이 많아졌지만
그 또한 좋았지

옛날이나 지금이나
양식(樣式)은 달라지긴 했어도

달라지지 않은 생활사

그 또한 인생이라고 부르겠지

그 버릇, 남 못준다고

볼펜의 계시

서랍을 열었더니
볼펜 수십여 개 우르르 쏟아졌다

자동차 대리점 광고용
보험 판촉용으로 만들어진 것이지만
모으다 보니 수십여 개

누굴 주자니 홍보사원 같고
버리자니 아까운 거
두고두고 사용하면 그만이지만

저리도 끌어 모은 것은
분명 욕심 때문일 터

다 쓸 때까지
시작(詩作)하라는 계시로 받아들여야지

상처

세포와 세포 사이에
칼날이 헤집고 지나갔다

세포와 세포가
잠시 헤어졌을 뿐인데

지나간 궤적 따라
빨간 꽃이 피었다

표백제

예고 없는 눈이 내렸다

온다고 전갈이라도 주었으면
자리 쓸어놓고 따뜻하게 맞이해 줄 텐데
윗목 아랫목 봐가며
방석이라도 깔아 줄 터인데

앉을 자리 물어보지도 않고
지 마음대로 내렸다

그냥 두면 감당할 수도 없는 일
오고 싶을 땐 문자라도 보내라고
휴대폰이나 하나 장만해 줄까

눈 덮인 곳은 모두 깨끗했다
강력한 표백제였다
눈보다 강력한 표백제가 또 어디 있으랴

호들갑 떠는 사이
돌아가고 있었다

시를 읽고 싶을 땐

시집 하나 꺼내들고
기차를 탈 일이다

덜거덩거리는 리듬에 맞춰
몸을 흔들어 가며 읽을 일이다
아스라이 멀어져 버린 유년을
옆자리에 태워서
함께 읽을 일이다

유년을 태웠던 비둘기호는
이미 기억에서 지워져 갔고
머지않아 통일호도 사라질 것이지만
시를 읽기엔 더없이 좋은 기차

기차를 타고 가면서
시를 읽어볼 일이다

두부가 먹고 싶은 밤

이슥한 밤
두부가 먹고 싶었네

육식 단백질보다는
채식 단백질이 좋다고
떠들어대는 요리 방송을 보니
더더욱 두부가 먹고 싶었네

재래시장 문 닫은 지 오래
포장 두부라도 사올까 하고 고민하던 중에
요리 방송이 끝나버렸네

애꿎은 소주 한 병만
꿀꺽꿀꺽 들이켰네

떼

개 짖는 소리에 놀라
바깥으로 나가보니
검은 눈이 내렸는지
벌판이 온통 시커멓다
까마귀다
실컷 놀다 가겠다고 떼쓰기에
종일 내버려뒀더니
날아갈 생각조차 하지 않았다
저 까마귀들을 다 잡아
시장에 내다 팔면
떼부자 될 수 있으려나
벌판에 눌어붙은 까마귀들
다 떼어내려면
올겨울 다 보내도 못다 떼어낼 터
무슨 떼를 타고
예까지 왔을까

제3부

넝쿨의 진실

호박꽃이 피었다

꽃핀 것은 다 열릴 줄 알았는데
자신이 없는 것은 스스로 낙화시켰다

그 힘겨웠던 세월 속
부모님은 여섯 꽃송이를 피우셨고
오일쇼크, IMF, 구조조정 당하며 지내온 나도
두 송이 꽃 피웠다

다섯 번째 마디에 달렸던 나
낙화도 없이 두 송이 꽃을 피웠는데

저 두 송이 꽃
언제쯤 호박을 맺으려나

접시꽃 4

담장 구실하려나 싶어
울타리에 안테나를 세웠더니
유효기간이 지난 탓인지
안테나가 고장이 나기 시작했다

하늘과의 교신은
끝을 내어야만 해서
작정을 하고 고장 난 안테나를
모두 철거해 버렸다

간혹
성한 것이 보이기도 했지만
태풍 대비하듯이
내친김에 몽땅 철거를 하고 나니
들판이 훤히 보였다

반딧불이도 보이면
더더욱 좋으련만

경계가 무너지고 나니
속이 후련했다

아카시 꽃피니

국사골* 언저리
평소엔 초록인 양 티 안 내고 지내다가
오월 비에 씻기고 보니
군데군데 허옇다

푸르다고 여겼는데
남몰래 염색했었나

들통 난 저 머리숱
다시 초록으로 염색해서
내년까지 감쪽같이 지내겠지

---

* 국사골: 경주 남산의 한 골짜기.

노루귀

노루귀 보러 가자 하여
길을 따라 나섰다
동물원으로 갈 줄 알았는데 산으로 갔다

엄동설한인데 노루귀를 볼 수는 있으려나?
주위를 둘러보아도 보이지 않았다
정상까지 올라가도 보이지 않았다

허리 꼿꼿이 펴고 돌아다녀도
노루귀는 보이지 않았다

노루귀는
고라니나 사슴의 귀처럼
길쭉하게 생겼을 거라 짐작했는데
등잔 밑이 어두웠다

진달래

육십 고개 넘기면서도
너에겐 눈길 주지 않았지

사람들은 예쁘다고
이 산 저 산 찾아다녔지만
너를 보고서도 못 본 척
늘 지나치고 말았지

어린 시절
너를 한 자루 따오라는 아버지 분부에
혼쭐나고부터는 쳐다보지도 않았지
쳐다보기도 싫었지

그래도 네가 보여야
봄이 온 줄 알게 되지만
아직도 마음이 허락하지 않으니
너를 모르는 척해야 하는
이 마음

이해해 줄 수 있겠니?

미안해도 어쩌겠니?

그것 참

길 건너 논, 양계장도 아닌데
천막 우리 하나 지어서 키우는 닭들
시도 때도 없이 울어재낀다

울음도
용도가 있어야 하거늘
요즘 닭들은 확실히 닭대가리인지
구분조차 못한다

수탉은 동트기 전
새벽 기상을 알릴 때 울어야 하고
암탉은 알을 낳고 난 뒤
주인을 부를 때 울어야 하는데

시도 때도 없이 울어대는 닭
꼴값 떨었다

민초의 땅

참 착하다, 저것들

힘든 계절을 만났어도
제대로 못 자란 것은 안타깝고
쑥쑥 큰 것은 뿌듯하지만
구시렁대지도 않고
묵묵히 제자리를 지키는 저것들
착하다 못해 순박하다

오직 제자리에서
제 영역만 지키고 살면서도
목이 말라도 볕이 뜨거워도
불평불만 없이 지내는 저것들

참
착하다

하지 감자

때 이른 감자를 캐어서
사흘이나 삶아 먹었다

먹을 시기 놓치고 나면
썩어서 버려야 하기에
감자를 캐자마자 삶아 먹었다

체지방 개선?
글쎄다
클레스트롤 감소?
글쎄다

따지고 먹은 적 없지만
사흘이나 먹어댔으니
물려서 다시는 안 먹을지도 모를 일

폭염주의보 내린 유월
김이 모락모락 나는 감자를

삶아 먹다 보니
군불 지펴 구워 먹었던
그 맛이 그리웠다

극락암 홍매

낙화암 보란 듯
극락암에 찾아왔네

저리도 많은 치마
가지마다 삼천궁녀

임자가 누군지 몰라
멀뚱멀뚱 쳐다보네

우포의 밤길

너에게 다가가 입맞춤하려 한다

네가 내게로 다가올 수 없기에
내가 너에게 다가가 입맞춤을 해야 한다

장마가 끝난 밤
동여매지 못한 생각들이
풀벌레 울음까지 데리고 와
입맞춤을 방해하지만

다가가기도 전에 부르르 떨고 있는 너
어찌해야 쥐도 새도 모르게
입맞춤하고 올 수 있겠니

신발 등허리에 올라앉은 이슬도 무거운 밤
발걸음조차 무거운 밤

미역국

미역국을 끓인다
생일이 아니니 대충 끓이면 되겠다 싶어
맹물로 끓였더니
맛이 없다

멸치다시를 넣어도 맛이 없다

들깻가루를 넣어도 맛이 없다

가자미를 넣어도 맛이 없다

소고기를 넣어도 맛이 없다

미역국은
어머니가 끓여 주셔야 맛이 나는 법
맛있는 미역국 먹기는 글렀다

그저께 새끼 낳은 고양이

미역국 끓이는 것을 알았는지
나만 보면 따라 다닌다

오월

날씨가 계속 우중충하다

일기예보관은 동해 때문이란다

내 마음도 우중충하다

일기예보관 때문일까

미련

철 지났다 싶은데도
피는 꽃이 있다

고추꽃이 그랬다

저 풋풋함
서리가 내릴 때까지
지킬 수 있을까

지금 피는 저 꽃
언제쯤 제 모습 보여줄까

솔릭

손님이 온다 하여
두어 시간 정신없이 구석구석 청소를 하며
손님 맞을 준비를 했는데
그 손님
정말로 오기는 할까

키 작은 나무는 잎을 흔들어 환영하고
큰 나무는 허리를 굽실거리기도 하는데
그 손님
얼마나 지체가 높으신 분일까

수소문해 보니
어느 부족의 족장이라고 하는데
요란스런 방문은 부담이 되어서
살짝 다녀가시라고 부탁하고 싶은데

더딘 발걸음에
예까지 안 오시고 먼 곳에만

폐를 끼치고 가셨다 한다
세월 흐르면
다녀간 흔적조차 전설로 남게 되겠지

---

*솔릭: 2018년 19호 태풍. 미크로네시아가 제출한 이름으로 '전설 속의 족장'이라는 뜻.

응무소주(應無所住) 이생기심(而生其心)

방이 좁다며
확장공사를 한다

여태 빈방으로
그냥 두었으면서도
방을 넓히는 것은
마음이 좁아서 그랬던 것

방이 넓으면
마음이 넓어질까
엉뚱한 생각에 젖지는 않을까

청정한 마음
인연에 맞게 써야 하는데

고장 난 마음

가격 책정이 불가능한 시간을
태엽에다 감았다

처음에는 수월했는데
빡빡하게 감길 때부터는 힘이 들었다

태엽이 풀리면
처음으로 되돌아가는 것

움켜쥐어선 안 되는데
욕심이란 상처만 받았다

동백아 동백아

어머니 비녀머리 닮은 동백을 키우고 싶었다
마땅한 묘목도 없다
남해 바닷가에 가면 구할 수 있으려나

어머니 살아 계실 적
늘 비녀머리를 하셨다
커트도 하고 파마를 하라는 주변의 권유도 뿌리치고
한사코 비녀머리만 고집하셨다

머리를 빗으실 땐
동백을 거울인 양 바라보시며 빗으셨다

쭈뼛쭈뼛 가지가 솟구치면
사다리 타고 올라가 가지를 쳐달라며
애지중지 키우셨는데
이사 나올 때 캐오지 못한 아쉬움
아직도 가슴을 옥죄고 있다

이러다가 한 세월 보내지 싶은데
어느 곳에서 묘목을 구해야 할까?
비녀머리 닮은 동백 있기는 하랴
빨간 비녀면 더 좋을 것 같은
동백아
동백아

동반자

나의 동반자는 처처(處處)에 있네
하늘에도 있고 땅에도 있고
하늘과 땅 사이 곳곳에 있네

햇살과 바람과 비와 같이
서로 손을 잡고 있네
이따금 손을 놓치면 서운하기도 하지만
시기와 질투는 절대 하지 않네

다정하기도 하지만
가끔 폭염과 폭우로 모습을 바꾸기도 하지만
그 모습은 늘 함께하고 있네

태어나기 전이나
멸(滅)한 후에도 그럴 것이지만
언제나 나의 동반자라네

제4부

예언

계단 없는 집을 지었다

계단이 있어도
그냥 더벅더벅 걸어서 들어가면 되지만
마당과 방 높이를 같이 맞추어
기어 들어가기 쉽게 했다

높은 곳이 좋은 줄 알고
높은 곳에 오르기 위해
담장이 전법도 써 봤고
고양이 타법도 써 봤고
사다리를 이용하기도 했지만
올라갈 수 있는 한계가 분명한 지금
더 이상은 계단이 필요 없다

마당과 방이 같은 높이인 까닭
살아보면 안다

투호

삼화령 연화대좌에 올라가
돌멩이 하나 집어 들고
냅다 던져버렸다

사바세계
어디에 담겼을까

활쏘기

어릴 적
탱자나무 가지를 꺾어 만든 활을 꺼내어
시위를 당겼다

서라벌이 맞았다

도둑고양이

동지 지나고부터 밤이 짧아져 삼동이 여삼추보다 더 길게 느껴지는 겨울밤
외로움은 군것질로 달래야 한다

무를 깎아 먹을까
감자를 구워 먹을까

이것저것 생각이 복잡해져 부엌으로 가서 냉장고랑 수납장을 뒤지다 보니 생전 처음 본 것들이 튀어 나왔다

옮거니

촉촉한 초코칩, 꾸이한닢, 빼빼한포
이렇게 좋은 주전부리가 숨어 있을 줄이야

누가 어느 날 왜 숨겨뒀는지 몰라도
도둑고양이가 따로 있나
오늘밤은 저걸로 군것질해야겠다

내일 아침
해가 뜨거나 말거나

교촌마을에 뜬 달

월정교 난간
노란 등불 하나 켜져 있네

최부잣집 불 끄러
두 번이나 갔었는데

그때도 보지 못한 등불
오늘에야 보았네

비단벌레 자동차

사람들 사이로
힘겹게 빠져나간다

하필이면 21세기에 태어나
저리도 힘겹게 살다니

팔자도
저런 팔자가 없다

생명의 끈

외출을 하려고 현관문을 여는데
나뭇잎 하나가 팔랑팔랑 들어왔다

노크도 없었는데
들어오라고 한 적도 없는데
순간을 이용하여 들어온 저것

밟아 버릴까
주워서 버릴까
그냥 내버려둘까

선택을 해야 하는데도
나가려던 일조차 잊어버리고
멍청하게 나뭇잎을 바라보고 있는 지금

집 안이 궁금해서일까
추워서 들어왔을까
아직 살아있다고 알리러 왔을까

전해줄 말이 있어서일까

내가 밖으로
왜 나가야 하는지도 잊고서
순간이동을 준비해야만 하는

월정교에서

요석아
요석아
원효랑 헤어지고
내캉 살면
안 되겠니?

월성 발굴조사 A 지구

영화 구경 힘들었던 시절
신라문화제만 기다렸었지

펄럭거리는 하얀 천막이
흐느적거리며 비춰주었던 영화는
흑백영화의 진수

저녁밥도 안 먹고
명당자리라고 차지했던 그 자리
누가 파헤쳐 놓았네

바다가 그리운 11시

잘못 길들인 아침식사 시간이다
잠에서 깨어나 한참을 부스럭거려야만
위장이 입을 열어준다

해 길이가 짧아져
부스럭거릴 시간마저 줄어든 겨울
삭풍 따라온 까마귀 떼들이
서릿발 허연 벌판을 점령하고
눈 올 것 같은 하늘까지 점령한 날이면
위장은 굳게 입을 다문다

바다를 떠나온 지도 몇 해가 되고
이런 날은 아예 바다로 달려가
바다를 먹어야 하는 걸까

시간이 중요하진 않다
습관도 중요하지 않다
사는 것이 사는 것 아니라면

한 끼 끼니 굶는 것이 무슨 대수랴만

부스럭 부스럭
뱃속에서 파도 소리가 들려야
온전하게 보낼 하루가 될 것 같다

들판의 방학

추수가 끝난 들판
방학 중이다

방학이래야 겨울뿐이지만
봄 여름 가을 내내
제 소임 다하고 나서 맞는 방학
좋긴 좋은가 보다

비가 오나 눈이 오나
서리가 내리거나 말거나
까마귀가 오면 오는 대로
참새가 오면 오는 대로
가슴 열어주는 들판

내년 농사 숙제는
잘하고 있을까

제비 소식

봄이다 싶어 나갔더니
화단은 아직 겨울이다

따뜻한 날 화단을 손질하려 했는데
제비꽃이 벌써 배시시 웃고 있다

미리 손질하지 못해
미안한 마음이 앞서지만

꽃 피우고 간 제비
올여름에는 제 모습 보여줄까

몇 해 동안 보지 못했는데
올해는 꼭 찾아온다고
기별 주고 간 것일까

사랑의 묘약

믹스커피를 탄다

늘 해오던 일이라
근골격계에 걸리지 않게
능수능란하게 커피를 탄다

어떤 날은 맛이 있고
어떤 날은 떨떠름한 맛이 난다

같은 물이고 같은 커피인데
맛이 다른 이유는 모른다

어제도 그랬다

온도가 맞지 않아서 그랬을까
커피 맛이 입 안에서 뱅뱅 돌기에
소주 한 방울 떨어뜨렸더니
금방 커피 맛이 사르르 돌아왔다

카푸치노보다 더 부드럽다
혼자 마시기도 아깝다
같이 마실 사람 없소?

묘심(妙心)

빛바랜 사진 속
한 여자가 내 옆에 있다

들꽃이 예뻐서
사진을 찍을 거라고 서 있었는데
불쑥 다가오는 바람에
같이 찍히고 말았다

난감한 척해도 뜻밖에 당한 일
행운이라고 말하는 편이 한결 쉬운
어느 날의 로맨스가
시간 속에 코팅되었다

지금은 어디서 지내려나
코팅된 시간을 벗기려 해도
벗겨지지 않는 지금
그 여자가 그립다

평동 소야곡

연거푸 들이닥친 태풍에
힘 한번 제대로 써보지도 못하고
누워버린 것들

그래도 꾸역꾸역 흙덩이를
바람으로 털어가며
일어서는 것들

부활이 무엇인지 알기는 할까
삶의 소중함을 알기는 할까

기댈 곳 없어도
쓰러지는 날 잊어버리고
제자리 지키기 위해
쭈뼛쭈뼛 일어서는 내 이웃들

소중한 내 이웃들

밤을 기다리는 이유

무심코 길을 가다가 셔츠 단추 하나
뚝 떨어져 버리네
가슴팍이 헐렁하여 움켜잡고 단추를 주웠지만
온종일 이러고 다닐 일 때문에
어찌할 바를 모르겠네

실도 없고
바늘도 없고

옷핀이라도 있으면
펄럭거리지 않게 하여
부끄러운 하루를 감내하며 보내랴만
막상 일을 당하고 보니 대책이 없네

멱살 잡듯이 움켜잡은 옷이 돈다발이었다면
뭔 걱정을 하겠냐만
이참에 반짇고리 하나 장만해서
쟁론기라도 끄적여 볼까나

기다리는 어둠

기별조차 없네

새를 기다리며

스산한 이월인데도
새들이 날아든다
까치 참새 익숙한 새는 관심이 없지만
되새 박새 어치는 그래도 시선이 간다
빛깔 고운 털, 따뜻하다는 어감 하나로
겨울 텃새들을 바라보노라면
까마귀 물러난 자리에
머잖아 백로나 왜가리가 올 것 같다
추장 닮은 새도 올 것 같다
눈 깜짝할 새
왔다가 갈 것 같다

해설

마음의 자리와 시의 울림

— 박성규의 시세계

백인덕 시인

1.

무한할 것 같던 지속이 유한하다는 정체를 스스럼없이 드러낼 때, 연속하는 순간을 탐닉하고 마는 것과 순간을 지속으로 오역하는 것 중에 어느 것이 더 시적인지는 쉽게 판명되지 않는다. 누가 뭐래도 이 순간 지는 '꽃잎'에 집중하는 것과 어쩌면 그것이 전에 왔었고 다음에 다시 올 그 '꽃잎'이라 믿는 것의 차이는 오롯이 '마음'의 사태일 뿐이기 때문이다. 마음이 물리적으로 순간과 지속을 만들어내는 것은 아니지만 그렇게 결정할 수는 있다. 박성규 시인은 이 사실에의 자각을 군말 없이 한 작품으로 집약해서 형상화한다.

방이 좁다며
확장공사를 한다

여태 빈방으로
그냥 두었으면서도
방을 넓히는 것은
마음이 좁아서 그랬던 것

방이 넓으면
마음이 넓어질까
엉뚱한 생각에 젖지는 않을까

청정한 마음
인연에 맞게 써야 하는데

—「응무소주(應無所住) 이생기심(而生其心)」 전문

제목을 괄호 치고(강한 지시를 함축하고 있으므로) 본문만 읽어보면, '(빈)방'과 '마음'의 사태, 더 정확하게는 '자리바꿈'에 따른 기대와 곤란이 고스란히 드러난다. 시의 화자는 "방이 좁다며/확장공사를 한다"고 했지만 "여태 빈방으로/그냥 두었"던 상황이었다. 그렇다면 '빈방'은 크기와 상관없이 자기의 '비움'을 가득 채우고 있었던 것인데, 화자는 그 방을 생각하지 않고 상대적으로 좁은 자기 마음을 끼워 넣어 애먼 방을 넓히는 것이다. 거기서 멈추지 않고 "방이 넓으면/마음이 넓어질까/엉뚱한 생각에 젖지는 않을까" 하며 이미 근심으로 애써 넓힌 방을 가득 채우는 것이다. 따라서 이 '확장공사'는 사실상 '무위'로 돌아가고 만다.

이번 시집, 『내일 아침 해가 뜨거나 말거나』를 관통하는 시적 사유의 근간(根幹)이 앞 인용 작품의 마지막 연과 강한 지시를 함축한 제목에 들어 있다. '응무소주(應無所住) 이생기심(而生其心)'은 선불교의 혜능 조사와 관련한 일화로 대중에 회자(膾炙)된 '금강경'의 법문이다. "응당히 머무는 바 없이 그 마음을 내라."라는 보통의 이해는 '집착'을 경계하면서 마음의 변화를 응시하라는 뜻이다. 따라서 시인은 "청정한 마음/인연에 맞게 써야 하는데"라며 자기 자세를 경계한다. 아마 이것이 '빈방'을 다시 마음의 자리로 삼기 위해 '확장'한 시인의 본래 의도였을 것이다. 더 많은 인연을 포용하되 좁게 가둬두지 않겠다는 의지가 빈방마저 더 크게 넓히는 무위로 발현했다고 할 수 있다.

겨울밤
유난히도 잔별이 많다

개똥벌레의 영혼 때문이다

여름이 올 때쯤
이슬을 타고 땅에 내려온 잔별들이
개똥벌레가 되어
낮에는 풀숲 사이에 숨어 있다가
밤이 되면 반짝거린다

그렇게 한철 지내다가
밤이 길어지는 겨울이 되면
개똥벌레의 영혼이 하늘로 올라가
다시 잔별이 된다

누군가의 영혼이 된다

—「겨울 잔별」 전문

시인이 이토록 '마음의 자리'에 신경을 쓰는 이유는 그의 '시의 울림'이 그윽하게 멀리까지 퍼져 나가기를 바라는 순결한 바람 때문이다. 울림이란 반향(反響)이 아니어서 어떤 사물과 부딪쳐도 되돌아오지 않고 그 물체를 포섭하면서 퍼져 나간다. "겨울밤/유난히도 잔별이 많"은 이유는 "개똥벌레의 영혼" 때문인데, 그 영혼마저도 "여름이 올 때쯤/이슬을 타고 땅에 내려온 잔별들이" 변신한 것일 뿐이다. 그렇게 여름 한철이 지나면 "개똥벌레의 영혼"은 다시 하늘로 올라가 다시 '잔별'이 된다. 그렇게 또 "누군가의 영혼"이 되는 순환 속에서 계속 빛나는 것이다. 물론 시인은 "청정한 마음/인연"(「응무소주(應無所住) 이생기심(而生其心)」)으로 매번 변하는 누군가의 영혼인 '잔별'을 지켜봄으로써 자기 마음의 자리를 환하게 하는 것이다.

박성규 시인의 이번 시집은 그윽하게 번지듯 퍼져 나가는 시적 울림을 지향하면서 그 과정에서 접하는 모든 사태, 사건과 사물을 포섭하여 마음의 자리를 견고히 하려는 의지의 산물이라 할 수 있다. 이번 시집은 결국, '청정한 마음'과 '자연적인 인연'을 노래하기 위해 그렇지 않은 것들, 즉 무심한 행위나 습관적 반응과 이해와의 조용한 고투(苦鬪)의 기록인 것이다.

2.

박성규 시인은 '시인의 말'에서 차분한 육성으로 "그림자 하나 끌고 여기까지 왔나.//기신맥신했나.//이젠 그림자가 나를 끌고 간다.//모른 척, 해야겠다"고, 최근의 시작 방법론을 들려준다. 주지의 사실이지만, '자기와 그림자'의 관계는 주객의 설정에 따라 천지 차이의 뉘앙스를 발생시킨다. 불가분리면서 정체불명의 관계이기 때문이다. 따라서 정체에 대한 것보다는 관계에 대한 담론이 이해가 쉬운데 시인은 '기진맥진'

과 '모른 척'이라는 상반되는 두 가지 태도의 지시어를 통해 관계의 변화를 드러낸다.

비약의 위험을 감수하면, 이제 '나를 끌고 가는 그림자'는 지금까지 시인이 창조했던 시적 페르소나일지도 모른다. 그가 찾아가는 것은 의도했든 아니든 일상의 나, 숱한 인연 속에서 피투성(被投性)에 함몰한 나를 벗어던진 마음의 자리이기 때문에 짐짓 방임의 태도로 이를 부추기는 것이다.

이제 기진맥진한 시인을 대신해서 그림자가 확정하려는 마음의 자리는 역설적으로 '기진맥진한 나'가 일상의 영위를 위해 세웠던 원칙을 해체하고 제한을 풀고 습관을 망가뜨리는 것으로부터 획정되고 다져진다.

담장 구실하려나 싶어
울타리에 안테나를 세웠더니
유효기간이 지난 탓인지
안테나가 고장이 나기 시작했다

하늘과의 교신은
끝을 내어야만 해서
작정을 하고 고장 난 안테나를
모두 철거해 버렸다

간혹
성한 것이 보이기도 했지만
태풍 대비하듯이
내친김에 몽땅 철거를 하고 나니
들판이 훤히 보였다

반딧불이도 보이면
더더욱 좋으련만
경계가 무너지고 나니
속이 후련했다

—「접시꽃 4」 전문

이번 시집에서 '접시꽃'은 두 편이 보인다. 인용 작품 이전에 「접시꽃 3」은 "우리 집 문지기 접시꽃이/소천했다"라는 비감하고 경건한 어조로 시작된다. 시가 들려주는 이야기인즉, 어엿해 보여 문지기로 세웠더니 한 차례 태풍에 맥없이 꺾였는데, 가만 살펴보니 문지기로 얼마나 노심초사했는지 속이 다 비었다는 것이다. 어쨌든 여기서 시인은 그 접시꽃의 '다비식'까지 상상하면서 애달파 한다. 다른 한 작품은 위의 인용 시다. 3과 4, 두 작품을 순서대로 읽으면, 문지기였지만 사실 그 향일성(向日性)은 시인이 하늘과 교신하기 위해 세운 '안테나' 역할을 했다는 것인데, 비록 태풍이라는 변수가 있기는 했지만, 결국에는 시인의 시선이 하늘이 아니라 다른 지평으로 향하게 되었다는 것을 비유적으로 표현하고 있는 것처럼 보인다. 2연 "하늘과의 교신은/끝을 내어야만 해서/작정을 하고 고장 난 안테나를/모두 철거해 버렸다"라는 부분이 이런 생각을 반증한다.

짐작하건대 박성규 시인은 '청정한 마음'으로 '인연'의 오고 감을 다 포용하기 위해 마음의 자리를 새로 장만했던 것 같다. 그리고 "담장 구실하려나 싶어" 꽃을 심었나 보다. 유리병 조각이든 꽃이든 담장이나 울타리를 세우는 것이 결국은 자기를 가두는 것과 똑같은 행위라는 생각이 늦게 찾아와 "내친김에 몽땅 철거를 하고 나니/들판이 훤히 보였"고 "경계가 무너지고 나니/속이 후련했"음을 고백한다.

현대인인 우리는 무수한 '경지'를 넘나든다. 명상을 통해 자신의 한계를 초월하는 넓은 차원과 호흡하기도 하고, 기술을 통해 결코 도달할 수 없는 시공간의 영역까지 손에 잡은 듯 행동한다. '차원'의 넘나듦, '경지'의 이탈과 귀환은 결코 어려운 일이 아니다. 그러나 현대인은 단 한 줄의 경계도 넘어서지 못한다. 익숙하지 않기 때문이다. 자연 현상으로 일어나는 지진과 태풍은 견딜 수 있지만, 의도나 허락 여부와는 상관없이 내 '경계'가 타자로 인해 무너지는 것은 좀처럼 적응하기 어려운 일이 된다.

처음엔 귀엽더니만
지금은 성가신 존재
인연은 왜 맺어서 이 고생하는지

—「주객전도」 부분

봄이 코앞에 왔다고
밭을 갈았는데
비가 내려서 논이 되어버렸다

씨감자가 입점했다고
단골 종묘상에서 문자가 왔는데
논에다 감자를 심을 수 없으니
아예 못자리를 만들어야 하나

—「우수에 내리는 비」 부분

머잖아 수평인간으로 돌아갈 텐데
중간 점검이라도 하듯
마음대로 움직이지 않는 몸뚱이
병신 소리는 듣지 말아야 하는데

—「아, 글쎄」 부분

위에 인용한 작품들은 '경계'의 문제를 다루고 있다. 여기서 경계란 일종의 안전선을 의미하는데, 그것은 시인이 나아가든 물러서든 어쨌든 지키고 싶은 '나'의 영역에 대한 사유를 포괄한다. 「주객전도」는 어린 고양이를 객체로 하는데 "인연은 왜 맺어서 이 고생하는지"라는 구절에서 호의가 침범으로 바뀌는 순간을, 「우수에 내리는 비」는 절기와 맞지 않았던 행위에 대한 낭패감이, 「아, 글쎄」에서는 뜻밖의 사고로 인한 곤란에 대한 타인의 시선을 염려하는 시적 화자의 심사가 드러난다. 눈 밝은 독자들은 금세 알아차렸겠지만, 이 경계의 무너짐은 시적 화자의 행위나 의지에 의한 것이 아니다. 이런 것들은 경계를 생각하는 존재가 피할 수 없는 부수적인 걱정과 피해이며, 나아가 마음자리를 공고히 하거나 아주 무르게 함으로써 거뜬히 무화(無化)할 수 있는 것들이다. 그렇다면 정말로 시인을 어렵게 하고 곤란에 빠뜨리며 일종의 경계를 그었다 지웠다 하게 만드는 요인은 무엇일까. 그것은 시인 자신이 끊임없이 선택의 기로(岐路)에 세워진다는 것이다.

풍요를 꿈꾸며
씨앗을 뿌렸다

그대로 두면 풀밭
손길이 닿으면 채소밭

저들 세상
경계도 없고 다툼도 없는데
애간장 타는 것은 나

그냥 두어야 하나
풀을 뽑아야 하나

—「선택론」 전문

인용 작품에서 '풍요'라는 어휘의 무게와 지향만 읽어낼 수 있으면 이 '선택론'은 쉽게 납득이 가능한 이론이 된다. 그렇지 않은가, 풍요 자체만을 꿈꾸었다면 나의 경작지(耕作地)가 '풀밭'이 될까, '채소밭'이 될까 고민하는 농부가 세상천지에 어디 있다는 말인가? 나아가 시인은 잡초와 씨앗이 다 같이 발아해 자라는 와중을 "저들 세상/경계도 없고 다툼도 없는데/애간장 타는 것은 나"라고 고백한다. 즉 쓸모와 분별의 차이를 행사해야 하는지 말아야 하는지 '선택'에 당면하는 것이 결코 자연스럽지도 당연하지도 않다는 것을 보여준다.

3.

박성규 시인은 비로소 마음자리를 다져 시의 울림을 더 아득하고 멀리 퍼져 나가게 하기 위한 기획을 실행하는 것으로 보인다. 필자의 한계지만, 시인에 대한 최소한의 정보를 통해 이번 시집의 여러 배경을 유추하자면 '묘(妙)'란 어휘로 자주 등장하는 지명과 인근이 시인이 기꺼이 마음자리로 터 삼은 곳이 아닐까 하는 생각이 든다.

연거푸 들이닥친 태풍에
힘 한번 제대로 써보지도 못하고
누워버린 것들

그래도 꾸역꾸역 흙덩이를
바람으로 털어가며
일어서는 것들

부활이 무엇인지 알기는 할까
삶의 소중함을 알기는 할까

기댈 곳 없어도
쓰러지는 날 잊어버리고
제자리 지키기 위해
쭈뼛쭈뼛 일어서는 내 이웃들

소중한 내 이웃들

—「평동 소야곡」 전문

시인의 추억이 서려 있는, 가령 유년의 놀이었던 「투호」, 「활쏘기」뿐만 아니라, '월정교', '국사골' 같은 지명이 시인의 현재 상황을 장소에 귀속한 거주인으로 정의하도록 유혹하기도 하지만, 아무래도 그런 추억의 내용과 바람은 지금 형성하고자 하는 마음자리와는 궤적이 다르게 보인다. 주지의 사실이지만 추억은 시간의 경과에 따라 축소지향이 되고, 전 존재의 바람은 지평이 넓어지기 마련이기 때문이다.

위의 작품에 등장하는 "연거푸 들이닥친 태풍"이라는 구절에서 이번 시집에서 구체적으로 언급된 '미탁', '솔릭'을 함께한 이들과의 연대의식이 선명하게 드러난다. 다시 말해, 자기 마음자리를 찾아왔다는 이유로 꽃 울타리로 경계를 치고, 고양이든 새든 나비든 방문객하고만 요동하던 사태가 이웃들에게까지 확산한 것이 분명해진다. 태풍과 지진이라는 어찌 보면 인간의 운명보다 상위에서 작용하는 불가항력에 대해 시인의 '경계와 선택'이 무의미해졌거나 더 정확해졌다고 할 수 있다. 마땅히 그 대답은 후자에 있는데, 앞에서 살펴본 '시인의 말'에서처럼 "모른 척, 해야겠다"고 마치 자기 그림자의 행위처럼 시인이 얽혀들기 때문이다.

그렇다면, 박성규 시인의 '시적 울림'은 어떤 음향을 갖게 될 것인가. 필자의 박약한 능력으로는 아직 거기까지 예상하기 어렵다. 다만 시인의 '예언'을 통해 그 경지를 상상할 수 있겠다.

계단 없는 집을 지었다

계단이 있어도
그냥 더벅더벅 걸어서 들어가면 되지만
마당과 방 높이를 같이 맞추어
기어 들어가기 쉽게 했다

높은 곳이 좋은 줄 알고
높은 곳에 오르기 위해
담장이 전법도 써 봤고
고양이 타법도 써 봤고
사다리를 이용하기도 했지만
올라갈 수 있는 한계가 분명한 지금
더 이상은 계단이 필요 없다

마당과 방이 같은 높이인 까닭
살아보면 안다

—「예언」 전문

위계가 없는 곳, "더 이상은 계단이 필요 없다"고 명료하게 선언된 경지에서는 높낮이 없이, 낮은 음조의 시도, 높은 목청의 노래도 한결같이 울리지 않을까. 그렇게 살다 보면 "마당과 방이 같은 높이인 까닭/살아보면" 알게 되지는 않을까. 그런 생각을 하며 최근 보여주고 있는 박성규 시인의 무위의 삶과 시의 경작에 대해 일견 부러움 섞인 마음으로 글을 맺는다.

문학의전당 시인선 0335

내일 아침 해가 뜨거나 말거나

초판 1쇄 인쇄 2021년 3월 9일
초판 1쇄 발행 2021년 3월 18일
지은이 박성규
펴낸이 김석봉
디자인 헤이존
펴낸곳 문학의전당
출판등록 제448-251002012000043호
주소 충북 단양군 적성면 도곡파랑로 178
전화 043-421-1977
전자우편 sbpoem@naver.com

ISBN 979-11-5896-507-5 03810